ベトナムぶらり旅

イラストで描く庶民の生活

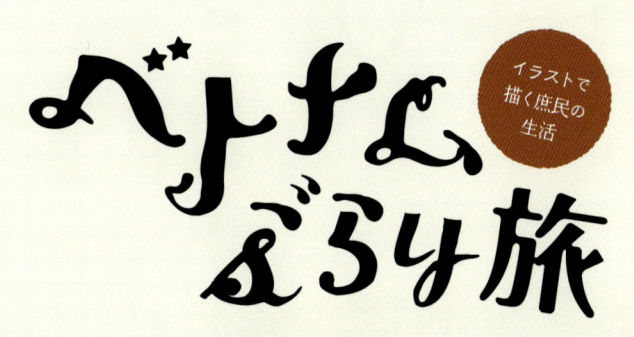

Kosaka Kunio
小坂國男

花伝社

天女の羽衣のような女子大生の姿

マンゴー売り

屋台天国

バイクの洪水

花嫁さんと花婿さん

ベトナムの市場

街を走るシクロ

アオザイの仕立屋さん

物売りの娘たち

ヤモリがぽとりと落ちてきてびっくり

ランバオの演奏をする娘さん

伝統民族舞踊・アプサラダンス

靴磨きの少年

元気なチビッコたち

たとえ１人でも

教会で紙芝居

列車から見る農村風景

ハノイの街

美しいハロン湾

ジャングルの川を渡る

あちこちに残る植民地時代のフランス建築

ホアンキエム湖を眺める

日本人が建造したと言われている来遠橋

ミーソン遺跡のシヴァ神

眠るホーチミン

ベトナム戦争の遺跡・ウィンモックトンネル

17度線の川にかかるヒエンルオン橋

アオザイの裾に平和の風が吹く

ベトナムぶらり旅——イラストで描く庶民の生活

◆

目　次

2010年
①タンソンニャット空港到着　1月7日
②タクシーでホーチミンへ　1月7日
③タクシーでドンナイ省へ→ムイネー海水浴場　1月9日
④タクシーでファンティエットへ　1月11日
⑤バスでダラットへ→ダタンラの滝　1月13日
⑥フライトでホーチミンへ（30分）　1月16日
⑦タクシーでカンボジア国境近くの村へ　1月18日
⑧フライトでホーチミンからダナンへ（40分）　1月19日
⑨バスでホイアンへ　1月21日
⑩バスで五行山へ　1月21日
⑪バスでミーソンへ　1月22日
⑫寝台2階式バスでホイアンからフエへ（3時間）　1月24日
⑬バスでDMZ（非武装地帯17度線）　1月27日
⑭汽車でフエからハノイへ（13時間）　1月28日
⑮ハロン湾へ　1月30日
⑯タクシーでハノイ市街からハノイバイ空港へ　2月5日

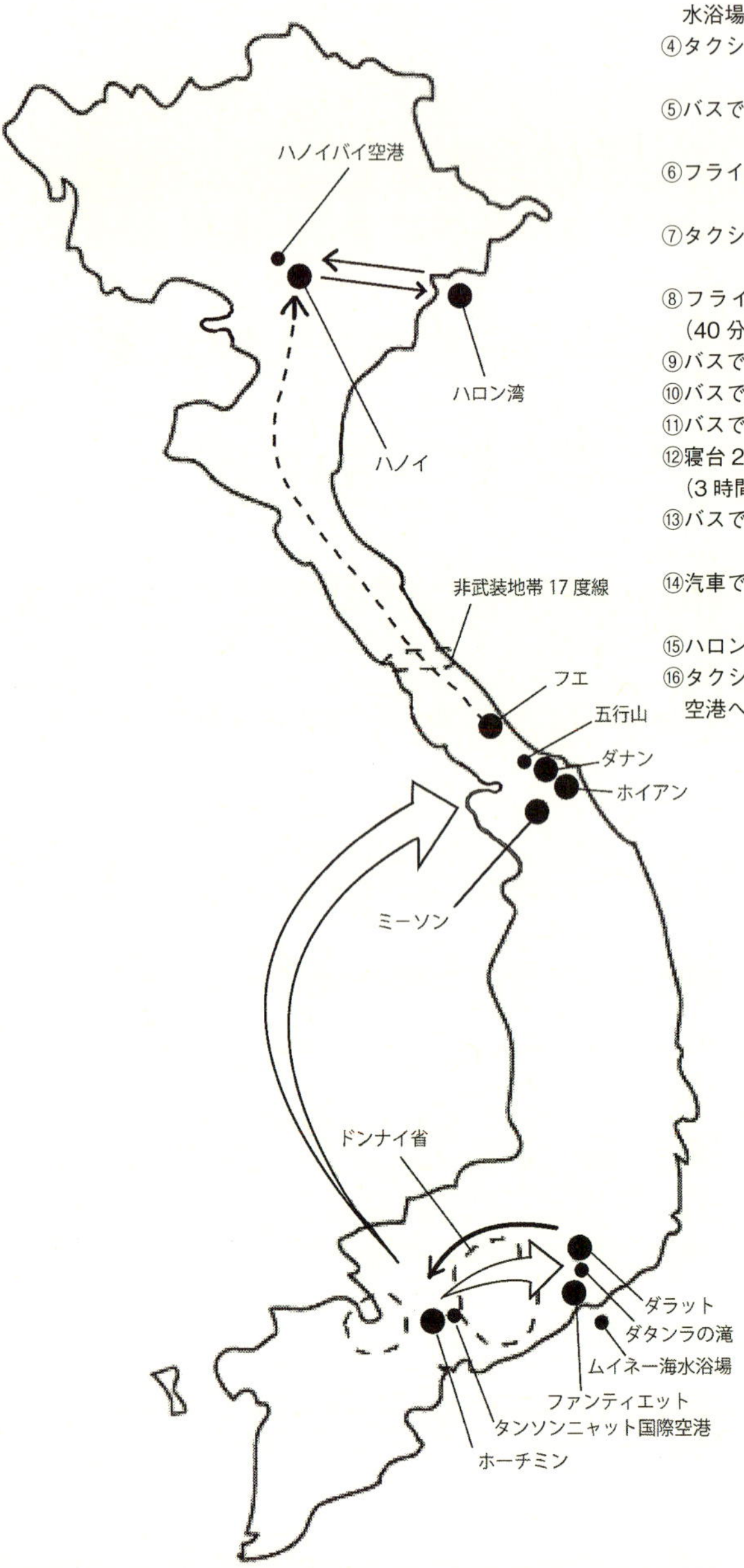

はじめに

2007年（平成19年）1月に、ベトナムの「ホーチミン1週間ツアー」に友人から誘われて参加しました。楽しんで行ってきましたが、また行きたくなりました。

それからベトナム会話を少し習って、私なりの我流の『ベトナム会話辞典』を手書きで作りました。またベトナム語の「金太郎」と「牛若丸」の紙芝居を作りました。

3年後の2010年（平成22年）に自分で作った『ベトナム会話辞典』と「紙芝居」を携えて、友人と2人で再びホーチミンを訪ねました。

紙芝居をしながらの「ベトナムぶらり旅」は、ホーチミンから北を目指して、ベトナムの町や村10ヵ所に行き、土地の人々となんとか触れ合うことが出来ました。

単語ならべの言葉だけでは通じない時は、ジェスチャーで心を交わしながら、1ヵ月かかってハノイに着きました。

札幌に帰ってから、私はこの旅で、不思議に思ったこと、危なかったこと、時にはとても親切にされ胸を熱くしたことなど、脳裏から消えない残像を200枚のイラストにまとめました。今回幸いにもこれを1冊の本として出版することになりました。

どうぞベトナムの人たちの生の姿と生活をこのイラスト集から読み取っていただき、また楽しんでいただければ幸いです。

著者手作りのベトナム語辞典

1

ホーチミン

にぎやかなベトナム、初体験

Hồ Chí Minh

①バイクの大洪水の朝
②ニッパヤシの森を小舟で
③車道に輝く霊柩車
④物売りの娘たち
⑤屋根から突き出た木の涼しさ
⑥建物の庭の屋台
⑦ストリートチルドレン
⑧屋台団地のお店で
⑨お寺の物売り
⑩お寺の祭壇
⑪ファッションショーのあるレストラン

① バイクの大洪水の朝

夜が明けると、大工場のスイッチを入れたかのように「ゴーゴー！」と音をたてていた。静かにベットに寝ている私の下腹に響いた。窓から覗くとまるで大洪水でバイクを流されているように見え、圧倒されそうだった。

② ニッパヤシの森を小舟で

メコン川をクルーズ船で横断すると、ニッパヤシの森に着き、東屋で子供の童謡を聞いて楽しんだ。女性ガイドさんに案内されて小舟に乗ると、70歳のおばあさんが船頭さんとは、感動した。

③ 車道に輝く霊柩車

私が子供の頃に聞かされた日本の軍艦マーチに似た曲が響いた。車道に黄金に輝く霊柩車だった。ニセドン札を花吹雪のように撒きながらやって来た。車の助手席で剣道の竹刀に似た竹の束から煙を出していた。生バンドは党組織の偉い人に限られると言う。

④ 物売りの娘たち

ビンタイ市場に入ると私たち２人が日本人だと解ったようだ。アオザイ衣装の娘さん２人に「センス･ゴホン･カッテ･クダセエ！」と言って付きまとわれてしまった。私は友人の左腕を思い切り引っぱって外に出た。だが友人の左手を娘さんがスッポンのように掴んで離さなかった。

⑤ 屋根から突き出た木の涼しさ

少しでも静かで涼しい場所でコーヒーを飲もうということで外のテーブルにした。私たちが座ったテーブルの奥に駐車場があり、バイクの出入りが激しいため、排ガスで喉が痛くなるやら、コーヒーの味さえも解らなくなった。屋根から突き出した木の涼しさには感謝した。

⑥ 建物の庭の屋台

友人と２人で散歩しているうちに道に迷って盛り場から遠く離れてしまった。歩き疲れた時、役所か、社宅か良く解らない建物の庭に屋台を出しているアオザイ姿の娘さんが居た。そこでほっと息をついてコーヒーを飲んでいた。おばあさんが水が滴る下着を私の頭の上に干した。

⑦ ストリートチルドレン

私は絵はがきにあるような、きれいな場所ばかりを観るよりは、ベトナム市民のありのままの生活も見たいと思いはじめた。友人も同じ考えだったのでツアーの係りに２日間自由にすることを届けた。住宅街の子どもとなわとびをした帰りにストリートチルドレンを見てショックを受けた。

⑧ 屋台団地のお店で

若い独身男性のガイドが是非見せたい店があると言って屋台団地に案内された。落ち着けるのが私は気に入った。テーブルにフォーを置かれたとき、魚醤とパクチの湯煙がツーンと鼻に入り、胸を悪くした。私はそれでも馴れるまでだと自分に言い聞かせながら鼻をつまんで食べた。

⑨ お寺の物売り

立派なお寺の前でマイクロバスから降りた。私たち２人とガイドの若い男性３人にノン笠をかぶったアオザイ衣装で天秤を担いだおばさんが近寄って来た。買ってあげても良かったが、私も友人も日本人のマナーとして立ち食いでお寺の見物をしたくないし、鞄に入れても重いので断った。

⑩ お寺の祭壇

漆と金の輝きが眩しいお寺の祭壇に目が奪われた。両脇に立て掛けられた漆塗りの板に金文字が浮き出す豪華絢爛たる仏さまの両脇でお坊さんが日本と似たお経を上げていた。

⑪ ファッションショーのあるレストラン

若い青年ガイドに案内され、2階の狭い階段を上り、漆塗りの扉を開けて入ると屋根裏丸出しのレストランだった。席に着くと竹琴や石琴の演奏とベトナム各「族」のファッションショーを見せてくれ、国境は感じられない気持ちだった。コントだけはわからなかったがとても楽しかった。

2

３年後のホーチミン

長い旅の始まり

Hồ Chí Minh

①公園のベンチの若者
②熱心な物売り
③公園でダイエット
④美しい住宅と黒い電線
⑤線香を蹴飛ばしてしまった！
⑥わざわざあけた穴が縫われそうに
⑦木を利用して建築工事
⑧お返しに紙芝居
⑨奇想天外なお店
⑩バイクの上で居眠り

① 公園のベンチの若者

公園の歩道から緑の中に入ってみるとそこは芝ではなくオオバコのような細めの葉の草だった。その草がはげた部分を三角のノン笠をかぶった婦人４人が植え直しをしていた。歩道の波形の石のベンチでは大学生が船のエンジンの設計図を書いていた。

② 熱心な物売り

公園で友人と２人で散歩していると、公園横の車道にバイクを置いたバイタク男が友人に近寄り、名刺を出した。見ると日本語で「この運転手は親切です」と印刷してあったが断った。すると間もなく靴磨きが来て、また果物屋に入れ替わる。最後に「助けて下さい」の札を見せられた。

③ 公園でダイエット

朝の散歩をしていた時、公園からテンポの良い曲が聞こえた。木陰から中年女性が集まって体操をしていた。私が３年前に来た時、肥った人はめったに見ることが出来なかったが……。「ベトナムは今、景気良くなってる！」と札幌在住ベトナム婦人が言ったことが納得だ。

④ 美しい住宅と黒い電線

大きな街路樹の向こうの美しい住宅に見とれていると思わず私の足が止まった。すると私の前にシクロが止り声を掛けて来た。私は、あわてて断った。景観を悪くしていると思う黒い電線が気になっていた。足が遅くなると、私の前に果物売りの天秤おばさんが来て「買え」と言う。

⑤ 線香を蹴飛ばしてしまった！

バイクに注意するあまり、私は排水溝に足を突っ込んでバランスを崩し、歩道の線香を蹴飛ばしてしまった。バイク修理屋の兄さんが御利益の祈願をしていた線香だから素直に「シンロイ！」（ごめんなさい！）と言った。すると、兄さんが笑顔で握手してくれた。

⑥ わざわざあけた穴が縫われそうに

私は足の水虫防止のため、スニーカーに穴を開けて履いていた。友人と２人でコーヒーを飲んでおしゃべりをしていた時、足に気配を感じた。靴磨き少年が勝手に磨いていた。「そんな必要はない！」と言って穴に指を入れて言った。今度は針を出して「縫わせてくれ！」と言った。

⑦ 木を利用して建築工事

隣の住宅の壁を頼ってレンガモルタル建築工事をしていた。縦の部分に鉄筋も入れてなかった。木を大切にするベトナム人なのに木枝にワイヤーをひっかけている。バケツに入れたセメントをモーターでワイヤーを巻き取り、吊り上ったら3階の女性が受けていた。

⑧ お返しに紙芝居

ベランダが大きく開いているレストランでご馳走になった。そのお返しの気持ちで紙芝居の「金太郎」と「牛若丸」をやった。しかしベトナム語の勉強が不充分なところにベランダから直接入る騒音で思ったより受けなかった。大人だから日本語の方が楽しめたはずだった。

⑨ 奇想天外なお店

フォーが美味しい有名店に案内されて、驚いた。高圧電線が店を突き抜いていて、壁には騙し絵のような風景が描かれていた。お客さん皆は舌つづみをして食べていた。

⑩ バイクの上で居眠り

私たちが乗用車に乗せられ高速道路を走っていた時、ゴム林があった。私たちの車を追い越すバイクを見てビックリ！　両親に挟まる少女が居眠りしていた。

3

ドンナイ

南国の風情に吸い込まれる

Đồng Nai

①盛大におもてなしされる

②きれいな物置

③ベトナムのヒヨコはハダカ⁉

④有名レストランにて

⑤南国の風情、ヤモリ

① 盛大におもてなしされる

札幌在住ベトナム婦人の妹さんが住むホーチミン郊外の町、ドンナイのお宅で昼食をさせてもらうことになった。テーブルに豚の蒸し肉やマンゴーなど、いろいろとご馳走を置かれ、食べ放題という感じだった。ベトナム人はおもてなしをする時は惜しみなく出す文化があるのだと言う。

② きれいな物置

札幌在住ベトナム婦人の妹さんの住むホーチミンの郊外の町、ドンナイに伺った。立派な住宅の地下物置を見せてもらうと、きれいにボトルが並べられていた。水か酒か、それとも漁醤なのか上手に聞けなかった。何れにせよ、日本の物置とは違い、ガラクタがないのが不思議。

③ ベトナムのヒヨコはハダカ!?

散歩していると、とても小さな農家の家が目についた。その庭に鶏の親子が居るがなぜかまだ羽の生えていない裸のヒヨコが元気に虫などを啄んでいた。裸でも生きていられるのは常夏だからなのかも。

④ 有名レストランにて

陽が沈んだ頃、湖のほとりにある有名レストランに案内された。テーブルに着くと怨めしそうに私を見るようなサトウ鳥の姿揚げをすすめられ、断りきれず食べた。次に口直しで野菜炒めを食べようとするが、何か噛みこなせない物が残った。「それ蛙だヨ！」と言われ、蛙の皮を飲み込んだ。

⑤ 南国の風情、ヤモリ

ホテルのカウンターで、パスポートを預けろ！　と言われて不安になり、メモ用紙に預かり証代わりに書いてもらった。後で考えると、ベトナム語が読めないのだから無意味だった。眠りに入ったころにクーラーの横から舌打ちのようなヤモリの鳴き声で起こされたが南国の風情に吸い込まれた。

4

ムイネービーチ

あつい日差しの海

Mũi Né

①砂丘で橇遊び

②穴場の観光地

③ムイネーの海水浴場

④砂浜の籠船

① 砂丘で橇《そり》遊び

静かな小さな町“ドンナイ”に住む上流階級のご主人がトヨタクラウンに私たちを乗せて“ムイネー”海水浴場に向かった。その途中に砂丘があり、小学生10人位がA3位の大きさのプラスチック板を持って先生の話を聞くと、橇遊びを始めた。

② 穴場の観光地

ムイネービーチは広く知られていない穴場的な観光地のようだ。近くにはゴルフ場もあって近いうちにリッチなリゾート地になるに違いない。酒が飲めない私と友人は、札幌在住ベトナム婦人にご馳走になり満腹。ヤシの葉陰では多くの外人さんが酒を飲んで賑わっていた。

③ ムイネーの海水浴場

南シナ海の海の水は全体が生ぬるいのだろうか？　このムイネーの海水浴場の温度はまるで風呂の湯のようだった。そこで友人が気持ちよさそうに泳いでいたが直射日光に肌が弱くてブラウスの袖さえまくることが出来ない私は見ているだけで満足。

④ 砂浜の籠船

誰もいない砂浜に籠船が並べてあった。見ると竹で編んだその隙間を水牛の糞を埋め、全体をニスで固めてあった。乗りたかったが貸舟ではないのでそこには誰も居なくて残念で仕方なかった。

5

ファンティエット

異文化体験！

Phan Thiết

①霊柩車、再び
②釣りに行こうとしたら……
③見張られて釣りをする
④トイレへ駆け込む
⑤親切な女性

① 霊柩車、再び

散歩中、突然吹奏楽が耳に飛び込んだ。車道で煌びやかな金箔の霊柩車が止った。ボリュームが高くしたままだった。ニセドン札を撒く鉢巻をした白装束の遺族が忙しそうだった。ここはファンティエットだが、3年前に見たホーチミンの時は、党組織の偉い人だったので生バンドだった。

② 釣りに行こうとしたら……

私たち2人は、日本から持ってきた釣竿を出し、バイタクに乗った。ガソリンスタンドでバイタクが釣り堀に行こうと言い出したので私は海に行くように言った。その前に釣り針と餌を売っている店に寄るよう、ジェスチャーで頼んだ。すると1人が携帯で党組織に電話したようだった。

③ 見張られて釣りをする

バイタクに海岸まで乗せてもらった後は用事がないから帰るように言っても帰らない。党組織の何者かわからない２人も帰ろうとしないので、ゆっくりと釣りを楽しむどころでなくなった。ここでもしかすると何かを釣れた時に手錠を掛けられるかもしれないと思い、やめてしまった。

④ トイレへ駆け込む

バイタクでホテルに帰る途中、レストランで止めてもらった。私はベトナムに来て三度目の下痢で、レストランの隠居さんにお願いした。するとトイレットペーパー１本と鍵を貸してくれた。トイレはレストランから離れた裏にあった。バケツの水は飲み水ではないと解ったが……。

⑤ 親切な女性

バイクの修理屋さんはどこの町でも多く見られ、お客取り競争のため店から100メートル位離れた先の歩道に3本の古タイヤを組み合わせて置いてあった。その修理屋さんの前で友人が若いバイクの女性に郵便局を尋ねると、その女性が郵便局まで乗せてくれた。

6

ダラット

ベトナムのさまざまな顔に魅せられて

Đà Lạt

①人気のおやき屋さん
②スリル満点、トボガンに乗る
③ダタンラの滝
④象に乗る
⑤手芸工房
⑥フラワーガーデン
⑦フラワーガーデンでトラブル
⑧高台広場“愛の谷”
⑨ベトナムの最高作品
⑩ベトナムらしい市場を見る
⑪変なおじさん発見
⑫紙芝居おおにぎわい
⑬さりげない親切
⑭紙芝居で大合唱
⑮ベトナムのお弁当屋さん
⑯おやつ争奪戦
⑰バイクのレザー修理
⑱玄関で寝る係員
⑲薪売りのおばあさん
⑳スリ犯人写真集
㉑幸せの白い煙
㉒内職中の若い奥さん

① 人気のおやき屋さん

素焼きの七輪の上に数ある穴に素焼きの蓋付き皿で焼くというおやき屋さんだ。まん中はあんこではなく、甘味の無い溶いた卵が入っていた。食べてみるとなかなか美味しい。早朝から出勤前の客30人位に追われるお母さんの手伝いをする娘さんもしっかりして、人気のようだ。

② スリル満点、トボガンに乗る

ダタンラの滝を観る場所に行くため、急斜面のジャングルを降りてもらう！　とガイドさんが言った。高台広場から深い谷底までのジャングルに敷かれたレールをトボガン（ブレーキ付のコースター）に乗って行くという仕掛けだ。しかし高層恐怖症や心臓病の人は無理だろう。

③ ダタンラの滝

ダタンラの滝の水量が最も少ない時期だというが、それなりに見ごたえある景観だった。岩場で、足が疲れた私たち２人がベンチに腰を掛けた。すると目の前に大木を切った根株があり、その横に鉢に植えた苗木が置かれていた。木に信仰するベトナム人ならではの配慮だ。

④ 象に乗る

象に乗ることもベトナム旅行の良い思い出になるからと言って乗ることにした。トビに針がついているような物で像を誘導するのを見ていると、日本のデブ２人が乗っていることにあまり良い気分にはなれなくて、私は途中で降りたくなったが、そこは川の中だった。

⑤ 手芸工房

原野のど真ん中にポツンとデラックスな建物正面にバスが止まった。中に入ると体育館のように広い空間。壁にはズラリと刺繍芸術が隙間なく飾られてある。建物の角隅の工房では10人位の若い娘さんたちが木枠に張った生地のミクロの世界に挑み、針を刺していた。

⑥ フラワーガーデン

フラワーガーデンのアーチを潜ろうとする時、絵はがき売りのパジャマおばさんが日本人探しをしていることに気付いた。私は中に入れば若い娘さんの歌や踊りなどがあるのかと思っていた。しかし入ると観光客が少なく、絵はがき売りのパジャマおばさんばかりが目立っていた。

⑦ フラワーガーデンでトラブル

フラワーガーデンとは言っても１月のこと、散った後だった。イベントも無ければ観客もまばらだった。パジャマの上からジャンバーを着た絵はがき売りおばさんが私に付きまとい、気味悪くなり、３人を怒鳴った。するとその３人が友人を取り囲み、フラワーアーチ裏へ連れられて行った。

⑧ 高台広場〝愛の谷〟

“愛の谷”という高台広場でバスが止まった。そこから眺めていると日本の風景を観ている錯覚がした感じだった。湖の手前に桜の苗木が植えられていて、僅かばかりの花が開いていた。やはり日本のように熟睡する季節が無いため、枝いっぱいに咲けないのか？　と木に触って語りかけた。

⑨ベトナムの最高作品

この場所で刺繍はしていないが、ベトナム最高の作品のみを集め、展示販売をしているのだという。ひと目見ると筆さばきを感じさせる山水の掛軸や風格ある老人の顔写真と勘違いする作品など約80点があった。

⑩ベトナムらしい市場を見る

市場の屋内は風通しが良くないこともあって豚肉や水牛の肉の生臭さがムンムンしていた。そんなことも気にしない客が笑顔で弾けていた。屋外では直径6センチもあるタニシや大きな蛙がネットの下で跳ねていた。鯉と思われる大きな魚をナタで頭を切り落とし、内臓も取り除くことなく売っていた。

⑪変なおじさん発見

小学校正門前に変なおじさんが居た。バイクに乗せた手製のルーレットの箱の中のミニカーをちらつかせ建築工事のボルトを付け、当たりとハズレを分ける矢印を自転車のチューブを三角に切ったもので男の生徒も女の生徒も夢中でお金を掛けていた。

⑫紙芝居おおにぎわい

巨大なスリ鉢を思わせるロータリーの中央に戦争モニュメントがあり、その真下で大声をはり上げて紙芝居をやって見せた。すると小学生や女子大生らが集まった。絵の裏側に書いたベトナム語を先に読まれるやら発音の勉強をさせられる始末。

⑬さりげない親切

紙芝居は１回で終わり、その後は小学５年位の男の子と女子大生に「ホーチミンの発音は正しくない！」と言われ、発音の稽古で陽が暮れた。帰りは50段以上もある石段を重い荷物をひきずっていると、妹さんを連れているお姉さんがさりげなく持ってくれた。

⑭紙芝居で大合唱

紙芝居を持った私たち２人が小学校の向かいの喫茶店で下校を待っていると生徒が出始めた。早速門の横で“金太郎”の語りに入ると１人の男子生徒が私が読んでいるベトナム語を先に読み、“牛若丸”の時には４～５人の合唱になった。

⑮ベトナムのお弁当屋さん

日本のように学校へ弁当を持って行くことがないベトナムでは正門前の歩道で売っている弁当屋さんから自分の好きなものを買って食べるのだ。軽いおやつ屋さんが多く見られるが、学校の近所に何かの工事などがある場合は、ライスを発泡スチロールの箱に詰め、おかずも入れて売る人も居た。

⑯おやつ争奪戦

小学校の下校時間になると正門から男女の生徒が一斉に出てきた。待ち構えていたおやつ売りのおばさんを一斉に取り囲んで、われ先に買おうと競争になった。食べやすく棒を付けた油揚げに少しだけ甘味を付けた癖になりそうな味だった。

⑰ バイクのレザー修理

“カイダー”とは神様の木という。その木に神棚を祀ってあり、そのすぐ脇で若者がバイクのレザー修理をしていた。バイクも日本製が大人気で、ホンダ、ヤマハ、スズキのメーカーをプリントしたレザーを店頭にぶら下げてあった。どこの国のメーカーか解らないがDAMEもあった。

⑱ 玄関で寝る係員

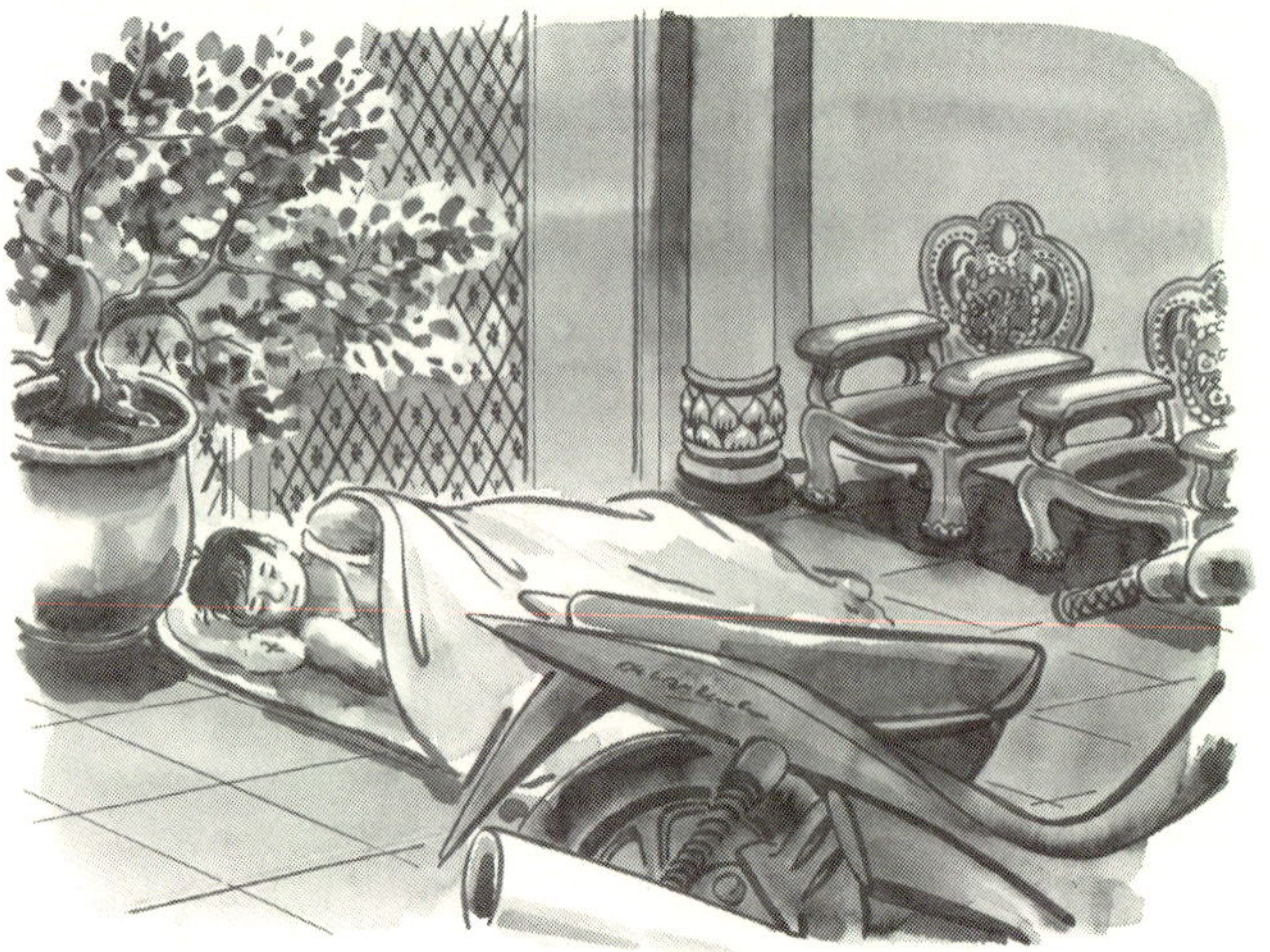

寒い北海道育ちの私たち２人は暖かい国のことだから安いホテルでも問題ないと思って泊まった。深夜になって窓ガラスの外側にへばり付いて鳴くヤモリでろくに眠れなかった。夜が明け、私１人で散歩しようと思い玄関の方に行くと係員が寝ていたためあきらめた。

⑲薪売りのおばあさん

坂道が多い高原の町“ダラット”の１日の寒暖差が激しく、私は着たり脱いだりが忙しい。山奥の少数民族であろうと思われるおばあさんが背負籠に紅茶色の薪を背負い、坂を下っている時、ホテルの調理人の男性が背中から降ろしてやり、全部買ってあげた。

⑳スリ犯人写真集

市場の外壁の掲示板に貼った写真は何か？　と市場の中で尋ねると、スリ犯人だと言った。写真を見ただけでは解らないが、優しそうな若い奥さんではないかと思うと同時に、昔の社会福祉制度が進んでない日本を思い出した。写真公開はしないが、何かの事情でスリ犯が居たことを思い出した。

㉑ 幸せの白い煙

住宅街の細道に入るとレンガモルタル建てマンションがあった。その屋根に雨が降ると地価の水瓶に溜め、その水を生活に使われているのだという。玄関前で2歳位の子どもを抱いて何かを煮ている。幸せの白い煙がフェンスを触れて舞い上がった。

㉒ 内職中の若い奥さん

住宅街を散歩していると、物置のようなお粗末な扉が開いていた。覗いて見ると若い奥さんがすでに編んであるセーターのパーツを業者から預かり、それを組み合わせ、縫い付ける内職をしていた。

7

再びホーチミン

川の流れは映画のように

Hồ Chí Minh

①ホテルの窓から見た街
②ベトナムの結婚式
③たとえ１人でも
④タクシー運転手と対決！
⑤どらもんかかにて
⑥夜道の女性たち
⑦バイク５人乗り
⑧ビンタイ市場
⑨活気みなぎるビンタイ市場
⑩ドンコイ通りにて
⑪映画のようなサイゴン川
⑫バイクでお迎え
⑬美しいフランス建築
⑭静かな中央郵便局
⑮アオザイ姿の女性

① ホテルの窓から見た街

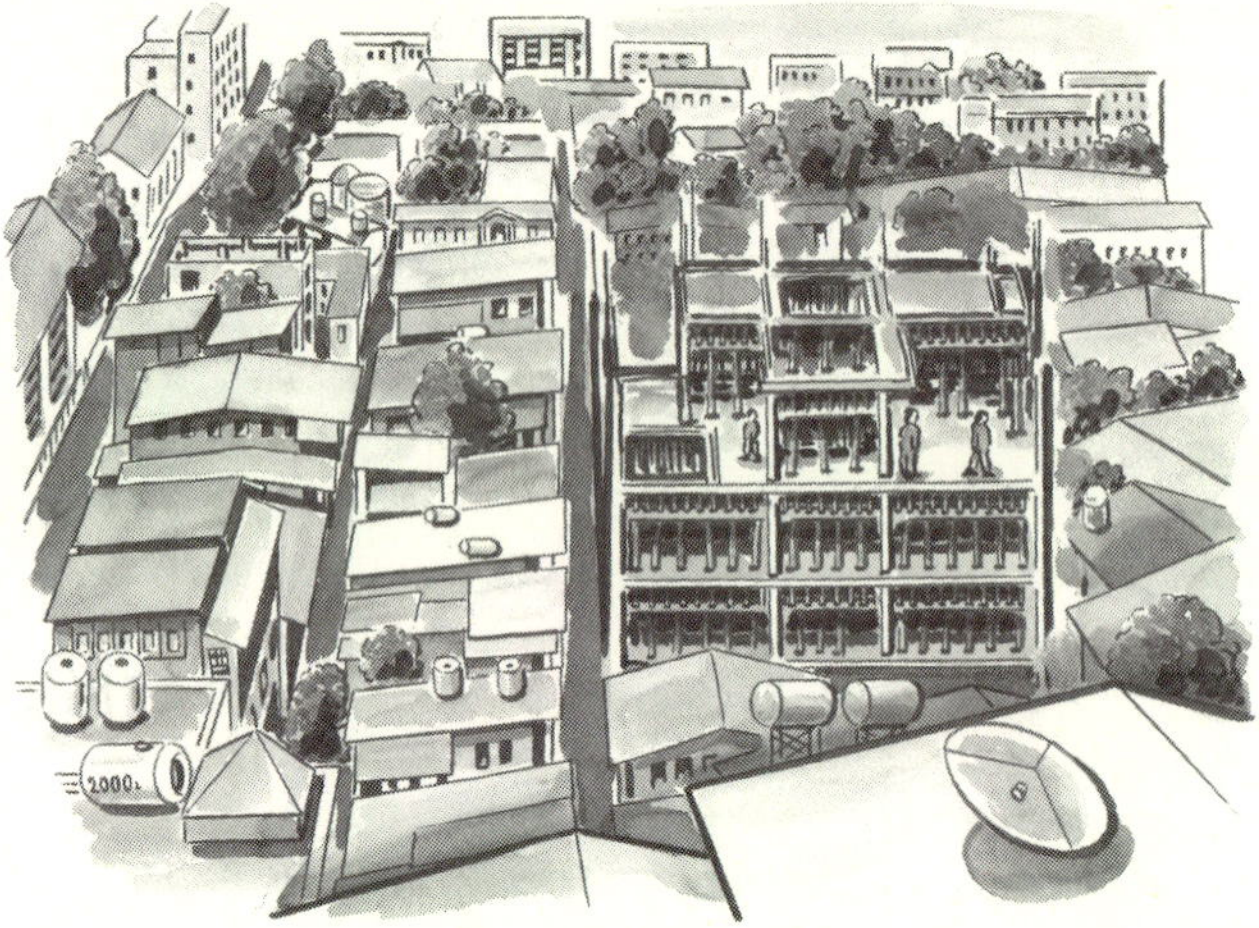

早朝目を覚まし、ホテルの窓からホーチミンの街を眺めていると、建築工事が目についた。鉄管で支えるのではなく丸太で支えていた。日本も私の記憶では昭和27年頃の建築工事と同じ作業内容に見えて妙に懐かしさがこみ上げた。だが屋根の上の水タンクだけは違う。

② ベトナムの結婚式

ロータリー広場に純白のウェディングドレスの花嫁さんと花婿さんが微笑んでいた。それに白いトヨタの車があり、その横にブーゲンビリアの花も幸せを祈っているように見えた。

③ たとえ1人でも

ベンタイ市場前の公園に行くと、母親に手を引かれる７歳位の女の娘が居た。私はその娘１人に紙芝居をやってあげていた。すると友人が「たった１人じゃあやっていられん！」と言い出した。私は紙芝居とは、１人でも見せることは、１粒の友情の絆だと考えており最後までやった。

④ タクシー運転手と対決！

ホーチミンの日本料理では老舗だという“どらえもんかか”で夕食を２人ですることにした。タクシー運転手が迷ったのか、それとも荒稼ぎをしようと、同じ道を走っていることに気付いた私は怒鳴って止めた。「何回も同じ道を走るな！」と怒鳴った。すると怖い顔を見せられた。

⑤ どらえもんかかにて

私たち２人が“どらえもんかか”という日本料理店に入ると突然「エラ・シャェ・マセ！」と４人の娘たちが叫んだ。そして30歳位の女性が「ナニ・シマ・スカ？」と言うと同時に鉄板の灰皿を投げつけるように置いた。文化の違いだと解っていても腹が立った。もっと勉強してほしいと思った。

⑥ 夜道の女性たち

夕方友人と２人でビールを飲み、ほろ酔い気分で歩いていた。すると友人が消えたように見失い、立ち止まった。その時私の肘を引き「イイ・オンナ・イル！」と言った。もう１人の女と友人が居た。私は適当に指差し「カインサッ！」(警察)と叫んでやると、その女性は消えた。

⑦バイク5人乗り

日本の昭和33年の記憶が甦った。車やバイクはクラクションを鳴らし放題で、横断歩道のないところでも横断していた。そして私は神楽坂でタクシーに跳ねられ、入院したことを思い出した。それにしてもバイクの5人乗りは日本では見なかった。ベトナムでも違反だ。

⑧ビンタイ市場

瓦屋根が美しいビンタイ市場の飛び交う言語は広東語だという。まるで寺院に信者が出入りしているようにも見える2階建ての有名な市場で知られている。中の店は庭を囲むように様々な店舗が並んでいた。

⑨ 活気みなぎるビンタイ市場

ビンタイ市場の中は活気がみなぎっていて、それぞれの店に中年女性のお客さんとおしゃべりに夢中になっているのが目立った。そこへ外国人観光客が話しかけると英語で返せない店の人たちは手まねをし、値段のことになれば指で示す忙しさだった。

⑩ ドンコイ通りにて

ドンコイ通りを歩くと、歩道で新聞売りが居た。“小沢の秘書石川議員逮捕”の見出しが多い１日遅れの読売、毎日、スポーツ紙の３点セットで２万ドン（約100円）で友人が買い、サイゴン川に行った。そこで75歳位の老人が私に「あいうえおかきくけこ」と言って笑わせた。

⑪ 映画のようなサイゴン川

サイゴン川のビルに陽が沈む前は、川の浅瀬に群がる金魚をすくった兄弟や投網で大きな鯉を１匹獲った青年が帰ると風景が一変した。ビルに灯りがつき、魚の形をした船のディナークルーズが川面を彩り、ベンチに若いカップルが映画のように映した。

⑫ バイクでお迎え

小学校の下校時間になると母親や父親がわが子のお迎えのバイクが正門前に集まり、車道にはみ出すため一般バイクが通れなくなる。向かいの歩道に乗り上げて通るのは普通だと言う。

⑬ 美しいフランス建築

中央郵便局へと近づいた私は、立派な銀行か駅ではないかと勘違いした。ベトナムに来て美しいフランス建築を眺めていると、ベトナムの不思議な第一の謎に入った。

⑭ 静かな中央郵便局

ホーチミンの中央郵便局の内部に入ると美しい音楽堂の中に入ったような気にさせられ街の騒音も遮られバイクのエンジン音で疲れ切った時などは唯一癒される場所だった。

⑮ アオザイ姿の女性

天に向かって積み上げられた約 17 メートルの塔。その下をアオザイ姿の女性が歩いていた時、教会の鐘が響いた。実に美しい場面だった。後で知ったことだったが鐘が鳴るのは毎週日曜だと聞かされ、私は運の良い男だと思った。

8

カンボジア国境付近

ジャングルの奥へと

①別荘へ移動
②ジャングルの川を渡る
③運転手、沼に沈む

① 別荘へ移動

札幌在住のベトナム婦人の友人がカンボジア国境近くに別荘があるというので行くことになった。乗用車の運転手も友人なので１日借り切り、私たちを乗せてもらった。国道を走ると、その脇の家具店の漆塗りの立派な家具が屋根もない場所に置かれてホコリだらけになっていた。

② ジャングルの川を渡る

ベトナムとカンボジアの国境近くのジャングルの川は流れが感じられない。川を渡してくれるマスクをした少数民族の娘さんが微笑んでいるのが伺うことが出来た。どちらかといえば舟というより、筏という感じで、両岸に張った針金で渡していた。橋を作るのは簡単ではないようだ。

③ 運転手、沼に沈む

タクシーの運転手さんにまる１日おつき合いをしてもらうことになり、カンボジア国境近くの村に入った。そこはレンガモルタルの家があり、その裏の沼地にマンゴー園があった。私と運転手さんと２人で熟した黄色いマンゴーを探していた時運転手さんが沼にどんどん沈んだ。

郵便はがき

料金受取人払郵便

神田局
承認

1010

差出有効期間
平成28年2月
28日まで

101-8791

507

東京都千代田区西神田
2-5-11出版輸送ビル2F

㈱花伝社 行

ふりがな
お名前

お電話

ご住所（〒　　　　　　　　）
（送り先）

◎新しい読者をご紹介ください。

ふりがな
お名前

お電話

ご住所（〒　　　　　　　　）
（送り先）

愛読者カード

このたびは小社の本をお買い上げ頂き、ありがとうございます。今後の企画の参考とさせて頂きますのでお手数ですが、ご記入の上お送り下さい。

書 名

本書についてのご感想をお聞かせ下さい。また、今後の出版物についてのご意見などを、お寄せ下さい。

◎購読注文書◎

ご注文日　　年　　月　　日

書　　名	冊　数

代金は本の発送の際、振替用紙を同封いたしますので、それでお支払い下さい。（2冊以上送料無料）

なおご注文は　FAX　03-3239-8272　または
メール　kadensha@muf.biglobe.ne.jp
でも受け付けております。

9

ビエン

犬と暮らすお父さん

Biên Hòa

①お寺を参詣

②犬と暮らすお父さん

① お寺を参詣

ベトナム語を教えてくれた札幌在住婦人の身内が永眠する寺に行った。寺に入る前、薄暗い小規模市場という感じの店で線香（薬と紅い色で染めた竹ひご）とライターを買った。寺の庭に入るとあちこちに黄金に輝く大仏があった。中央の大仏に向かって私たちも参詣した。

② 犬と暮らすお父さん

札幌在住のベトナム婦人の里帰りで、ホーチミン郊外の小さなビエンという街に住むお父さんの住宅に来た。そのお父さんはクリスタルなどのガラス製品の大きな会社の社長だったという。戦争の爆撃を受けて精神的にも立ち上がれなくなり、奥さんと別居され、犬１匹との生活だと言う。

10

ダナン

平和の風が、いま吹いている

Đà Nẵng

①大繁盛の屋台
②ビックリ！　ヤモリがポトリ
③マンゴー売りとバイク屋の宣伝
④教会で紙芝居
⑤スコールがやむまで
⑥ロゴデザイナーたち
⑦アオザイの裾に平和の風が吹く
⑧おめぐみくださいといわれ……
⑨うっかりはかりを踏まないように！
⑩５人乗りは禁止です！
⑪働く若者たち
⑫ヤモリは注文していません
⑬ハン川の風景
⑭ダナンのホテルにて
⑮建築ブーム
⑯美味しいお店で埼玉のＴシャツ
⑰五行山の彫刻工場
⑱ 200 段を登る
⑲頂上の寺とベトナムの地平線
⑳お守りをめぐって価格交渉
㉑自分の道具も作る職人
㉒湖のほとりのお寺

① 大繁盛の屋台

小学校正門前の１軒の屋台は子どもが喜ぶ竹ひごを刺した薄甘の油揚げだった。もう１軒の屋台に私の足を止めた。透明ビニ手袋をしたおばさんがお客さんの希望のライスの量を詰めた。そして好みのおかずを押し込むサービスで、多くのお客さんで大繁盛だった。

② ビックリ！　ヤモリがポトリ

屋台のテーブルに着くと木枝からヤモリが落ちて、驚かされた。私は濃いベトナムコーヒーが飲めないためお湯を注文した。しかしぬるい湯だったから心配で飲まなかった。するとベトナムを11年間行ったり来たりしている日本の中年男がポットのお湯を持って来て頂いて助かった。

③ マンゴー売りとバイク屋の宣伝

カイダオ（桃の花）の花の季節と旧正月に食べる青いマンゴーのキムチ漬け用を売るおばさんが増えてきた。バイク修理屋さんもお正月のためのお金稼ぎを少しでもしなければと、自分の店から100メートル手前に古タイヤを3本組み合わせての宣伝だ。

④ 教会で紙芝居

身寄りがない子ども約100人を面倒みている教会に入った。尼さんや先生、そしてボランティアのお姉さんと私たちの紙芝居の打ち合わせをした。チビッコばかりの40名ほどをホールに集めてもらうと、私は日本語、先生はベトナム語、ボランティアのお姉さんは手話で盛り上がり、大拍手だった。

⑤ スコールがやむまで

身寄りのない子どもたちの熱く湿った小さな手と乾いて冷えた私の手と握手した感触を大切にして教会を出た。そして１分も経たないうちにスコールが来て軒下に入った。ありがたいことに近所の奥さんが椅子を貸してくれた。歩道では傘を差す者が居ないのが不思議だった。

⑥ ロゴデザイナーたち

散歩していた時に霧雨が降って来た。しかしベトナム人は少々の雨位ではへこたれたりはしないようだ。古い監視所の空き家と思われる場所で机も置かずにお客が注文したロゴを切り抜くロゴデザイナーが２人。それをバイクや車に貼る３人のスタッフ。

⑦ アオザイの裾に平和の風が吹く

戦争モニュメントはいたる所で目にすることが出来る。アオザイの裾をなびかせながら20段ほどもある石段を登る娘さんの笑顔がこぼれていた。何かお祝い事があるのか、仲間の待ち合わせをしているような様子だった。装いに平和の風がそよぐ気持ちは？

⑧ おめぐみくださいといわれ……

バスから降りると日本でも昔あった「おめぐみください」というのがあった。私はカメラに使った単3電池12本やった、すると友人が「なぜお金をやらないんだ！」と怒った。私の家庭ではカメラに使った電池を壁掛け時計に使っているので極普通に役立てると思っていたのだった。

⑨ うっかりはかりを踏まないように！

日本でも昔見たことがあった戦争犠牲兵士だ。その横の量り屋さんは日本には無かったが、うっかり足を乗せると料金を払わなければならない。私は片足を上げたが計量器には着いていなかったのに、このおばさんは手を出して「マネー」と言う。

⑩ 5人乗りは禁止です！

交通事故防止のためのモニュメントを歩道から眺めていた時、なんと5人乗りバイクが来た。ベトナムでは大人2人と子ども1人までは良いが、それ以上は法律違反だ。常に多めの現金を持って乗り、警察に捕まった時は、罰金より安い現金を差し上げるのだという。

⑪ 働く若者たち

路上でバイク修理と合鍵屋を同時に営業している青年が少しでも自分の方にバイクを止めようと、車道にオイルボトルを置いて目立つようにしていた。しかしその隣のバイク修理屋さんに客が流れて、あまり儲けのない鍵ばかりの客になってしまったが、それでも大事な客のためだ。

⑫ ヤモリは注文していません

歩道の屋台に身内や友人、そして建築工事に働く作業員が集まり、それぞれが目を輝かしてお喋りに盛り上がっていた。この光景を見た私は、日本に今は無くなった昔の世界に戻った錯覚になった。そんな時、私の頭上の木枝からテーブルの上に注文もしてないヤモリが落ちた。

⑬ハン川の風景

ダナンの朝もダラットのように湿った空気で身体を冷やされたが“歳に負けるもんか”という気持ちでハン川に行った。川岸は小船が並び、その向こうにエンジン音を鳴らす船……。

⑭ダナンのホテルにて

ダナンのホテルでは、スーッとストレスが消えた気がした。女性経営者のタムさんは日本に勉強に来られたことがあったので日本語がペラペラ。ここで働く男性のタンさんもタムさんに教えられ、日本人に対する礼儀を心得ているようで、私たちへの気遣いが嬉しかった。10日間位居たかったが、そうもいかなかった。

⑮ 建築ブーム

ベトナムの北と南の中間地点位の“ダナン”のホテルで御世話になることにした。ホテルの経営者の奥さんのタムさんは日本人かと思うほど日本語が上手で会話が楽しくなった。タムさんは日本に来て、しばらく日本語などを勉強したという。ベトナムは今、建築ブームだとタムさんはいう。

⑯ 美味しいお店で埼玉のTシャツ

埼玉の漢字をプリントしたＴシャツでフライパンを振っている味で有名な店に入り“コム・ガー・ガイ”にした。大きな皿に盛ったライス、その上に油で揚げた鳥モモを乗せ、野菜炒めを添えた料理だった。ベトナムの肉は固いのが多いが柔らかく、日本の油よりも香ばしくて美味しかった。

⑰ 五行山の彫刻工場

五行山は大理石の宝の山だという。その山裾に彫刻工場があり、バイクのエンジン音を超える石を彫る音で話も出来ないほどだった。工場の外に並べられた数十点の巨大な作品は、人間技とは思えないほどに感動した。観光客は作品をよそにし、次々と山を登っていた。

⑱ 二〇〇段を登る

五行山の頂上に立派な寺があると言うので200段位ある石段を登り始めた。途中で足が動かなくなり、ベンチにへたばってしまった。バイクの音が遠くなり、石段からそびえ立つ大理石の苔に伝わって静かに落ちる水滴が私の心を癒してくれた。そしてまた登り続けた。

⑲ 頂上の寺とベトナムの地平線

気が遠くなりそうだった石段の数を登り切り、頂上の寺に着いた。大理石の山の頂上からベトナムの霞む地平線を眺めていると、自分が夢の中に居るような幸せな気分になり、降りたくなかった。

⑳ お守りをめぐって価格交渉

五行山の麓の店で私の友人が大理石のお守り赤ちゃん像を1万ドン（約50円）で買った。その後、静岡から来られたというおばさんが友人が買った赤ちゃん像を5万ドンで買わされたので私が交渉に入った。3万ドン（約150円）にして、高い分を返させてやった。

㉑ 自分の道具も作る職人

湿った寺の庭で泥まみれになって木の板に蓮を彫る職人、寺を取り巻くコンクリート柵に貼り付ける生乾きモルタルに竜を彫る職人、そして適当な長さに切った帯鋸で自分の使いやすい鋸を作って、それを使って大工をするという職人魂に、驚いてしまった。

㉒ 湖のほとりのお寺

湖のほとりの立派な寺に私たち観光客が来たのに寺のリフォームをする職人さんが私たちが通る所まで這いつくばって大工をしているため、そこを通るのが大変だった。帰りは湖でバケツいっぱい亀を釣っている青年が自慢した。

11

ホイアンから ミーソンへ

ベトナムの今と昔

Hội An ／ Thánh địa Mỹ Sơn

①天女の羽衣のような女子大生の姿

②ドラえもんのバス

③バスの椅子が悲鳴を上げた

④チャンパ王国聖地遺跡

⑤苔むした古代文字

⑥ミーソン遺跡

⑦ミーソン遺跡のシヴァ神

⑧伝統民族舞踊、アプサラダンス

① 天女の羽衣のような女子大生の姿

鶏の鳴き声に目を覚ました私はベランダに出た。ホイアンの朝は静かで気分が良かった。向かいの美しいフランス風の建物は男子学生寮らしい。自転車で来た大学生仲間が窓に行き、大きな声で“起きろ！”と叫んでいるようだった。天女の羽衣を思わせる女子大生仲間の姿は美しかった。

② ドラえもんのバス

ホテルの朝食が終わって自分の部屋のベランダから眺めていると、庭のカイダーの木を祀ってある神棚に気づいた私は合掌をさせていただいた。そんな時、手のないドラえもんマークのバスが入ってきた。

③ バスの椅子が悲鳴を上げた

ミーソン遺跡ツアーバスは古いバスで、修理を重ねた不揃いの椅子だ。両手を掛けながら通路に貼ってある巾35センチほどの木の板の上を歩く。板の脇の所々に穴がある。バスが悪路に入り、少々横揺れがした時、西洋人女性の椅子が壊れた。

④ チャンパ王国聖地遺跡

2世紀から15世紀にベトナム中部を支配したチャンパ王国の聖地遺跡はベトナム戦争中解放軍が遺跡を本拠地としたため、アメリカ軍の爆撃で破壊された。

⑤ 苔むした古代文字

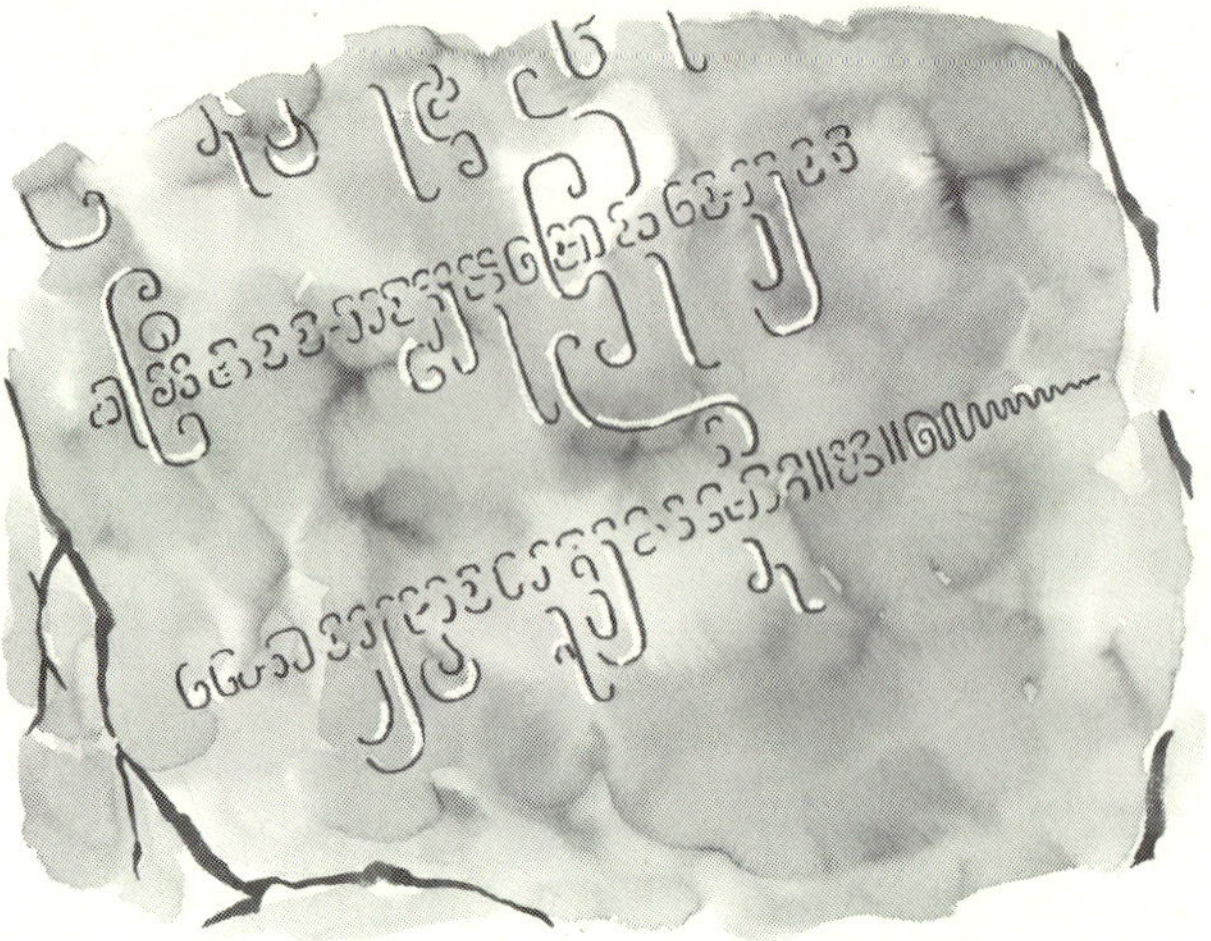

チャンパ王国のミーソン遺跡はベトナムのアンコールワットとも言われている。爆撃に破壊されながらも遺跡の一部である古代文字もそのままの姿で残されていて、うっすらとした苔に包まれていた。

⑥ ミーソン遺跡

4～13世紀に最も栄華を誇っていたチャンパ王国は東南アジアの海上貿易の拠点としても栄え日本との交流もあったと考えられている。このミーソン遺跡はレンガの苔や草木が当時の時代を語り続けているようにも思える。レンガの隙間にセメント無しで今も崩れないのが不思議だった。

⑦ ミーソン遺跡のシヴァ神

チャンパ王国の聖地ミーソン遺跡は、接着剤を使わず、すり合わせて造られたレンガ建築だ。王と一体化したヒンドゥー教シヴァ神が祀られている。四方を山で囲まれ、南に聖なる山マハーパルヴァタがそびえる盆地の中央の静かな自然で声のない語りがある。

⑧ 伝統民族舞踊、アプサラダンス

バイクのエンジン音も他の雑音もない静かな美しい緑の盆地にあるミーソン遺跡の赤レンガ建築群から少し離れた場所にステージがあった。そこでは、ベトナム伝統楽器でランバオ演奏を空高く響かせ、伝統民族舞踊のアプサラダンスを大勢の観客に若い踊り子たちが見せていた。

12

ホイアン

遠い日本を思う

Hội An

①ホイアン伝統の提灯
②ホイアンで紙芝居
③ヨーロッパの別荘
④来遠橋
⑤京都を思わせるホイアンの街
⑥工事現場
⑦寺への入り口
⑧伝統演奏ランパオと踊り
⑨田園風景と石碑
⑩お墓参り
⑪田植えを体験
⑫泥んこの足に水をかけてもらう
⑬竜宮城のような建物
⑭ホテルで借りた自転車のペダルが外れる
⑮アオザイの仕立て屋さん
⑯フランス人の観光客ばかり
⑰手早く魚を分けて売る
⑱トランプゲームをする主婦たち
⑲ランバオの演奏をする娘さん

① ホイアン伝統の提灯

古い木造建てや木造モルタル建てが建ち並ぶ軒下に吊されたホイアン伝統の提灯に思わず微笑んでしまう。湿気がそれぞれの壁に貼り付いた苔でこの街の歴史が描かれている。狭い道をシクロに乗せられた観光客が笑顔で私たちに手を振り追い越して行った。

② ホイアンで紙芝居

何時壊れても仕方ないような自転車をホテルから借りて乗っているうちに店もない住宅街に入ってしまった。乾いた小さな川の橋で小中学生の男女の仲間がお喋りをしていた。私はその子どもたちに紙芝居を見せてあげることが出来た。子どもも喜んだ。

③ ヨーロッパの別荘

ホイアンは16～17世紀ごろには日本をはじめ中国、ヨーロッパ諸国の貿易商が滞在した歴史もあり、様々な建築文化が受け入れられており、今ではヨーロッパの別荘も見られる。その南隣の地主さんが旧正月にホテルなどに売るための金柑に水をやっていた。

④ 来遠橋

1953年に日本人が建造したといわれる瓦屋根付の橋だ。その両側に猿と犬の像、そして橋の中央には船の安全を祈願する小さな寺がある。この“来遠橋”は別名日本橋とも言われている。観光客が多く集まる時は、地元の人などは遠慮しながらも人をかき分けて渡っていた。

⑤ 京都を思わせるホイアンの街

古い建築群が残されているホイアンの街を歩く日本人観光客は、落ち着いた日本の京都を思わせてくれ、郷愁に誘われるような気がすると言う。同じ場所をもう一度歩くとさらに再発見があって時を忘れる。気候、文化などの違いによってそれなりの趣があって楽しくさせられた。

⑥ 工事現場

コンパネと言うよりは竹パネという感じの工事だ。バイクに乗る時はヘルメットをしなければならないが、工事現場ではヘルメットをしていない。聞けば景気がどんどん良くなっているという。

⑦ 寺への入り口

寺の正面の左右に立つ円柱の柱に掛けられた漆塗りの板に金箔の漢字が光る。漆塗りに7色が放つ貝殻を埋め込まれた椅子も両側に置かれていて、その中央から入り、さらに進むと街の狭い道に出た。その道を横断すると寺続きの入り口だ。不思議な気持ちで行くと寺の博物館だ。

⑧ 伝統演奏ランパオと踊り

土足で出入りするお寺の大広間のような広場に入った。円柱の柱から四方の壁までが艶のある漆塗りに騒いでしまった。円柱の柱に吊り下げられた漆塗りの板に浮き出した金箔の漢字が輝く。伝統演奏のランパオの曲の中で頭上に水瓶を乗せて踊った。

⑨ 田園風景と石碑

ホテルで借りた自転車でアスファルト道路を10分ほど走り、街を抜け出した。すると右下の方の畦道入口に石碑があり、そこへ自転車を置いて美しい水蓮を見ていた。その時田植えをしていたはずの70歳位のおじいさんが竹の線香を握った手をブルブル震わせながら近寄って来た。

⑩ お墓参り

どんな病気なのか、手の震えが続くおじいさんの案内で連れて行ってもらった。行き止った所に墓があった。江戸幕府の鎖国を余儀なくされたが、ホイアンの恋人に会うために戻り、亡くなったと言われている。友人が鞄からカメラを出すと、震える手で「撮ってやる！」と言ってシャッターを押し、なんと大成功。

⑪ 田植えを体験

日本人の墓にお墓参りすると、アスファルト道路に戻り、次の畦道に入って見た。畝が無いバラ蒔き農法のため、ハゲた部分が出来ていた。そこに苗植えする娘さんが居たので私も体験させてもらうことにした。やってみると、植える数より自分の足で踏み倒す方が多いやら腰も痛くなって来た。

⑫ 泥んこの足に水をかけてもらう

生まれて初めての田植え体験で腰痛の心配もあって畦道に上がった。すると娘さんも上がって来て私が水を飲むと、そのボトルをむしり取るように、私の泥んこになった足に流した。空になると友人のボトルの水で洗ってくれ、私はありがたかったが、友人が予想外にも嫉妬ですっかり不機嫌になった。

⑬ 竜宮城のような建物

福建省出身の華人たちの集会所の建物を見た私の脳裏に浮かんだのが日本の童話の絵本“浦島太郎”だ。亀の背中に乗せられ竜宮城に招かれた浦島太郎が見た正面風景、そして中に入って鯛や鮃の踊りを見ながら美しい乙姫さまに会ったその衣装がアオザイと二重映しにイメージした。

⑭ ホテルで借りた自転車のペダルが外れる

ホテルの自転車を借りて街に出たその帰りに工事中の砂利道でペダルが外れた。ハンマー代わりの石で叩いて直している時、子ども４人に囲まれ、私の鞄をいじる子どもが居た。あわてた私は鞄のベルトをハンドルにひっかけながらなんとか直すことが出来た。だが下痢の腹痛がひどくなるばかりで困っていた。

⑮ アオザイの仕立て屋さん

ホイアンを自転車を押して歩くと小さな仕立て屋さんが目につき、伺って見た。今は昔と違って肌が露出するデザインが多くなっていて、アオザイの衣装の場合でも下のパンツ（ステテコ）をヒップボーンにして腰の左右のスリットから肌がチラチラと見えるのがなかなかおしゃれだという。

⑯ フランス人の観光客ばかり

ホイアンの街の建物には日本人が学ぶことがある。建物の中を涼しくするため、木の枝やツルが屋根を蓋いかぶさり、日光が直接当たらないようにする知恵が昔からあったことが伺える。古くて狭い道はベトナム人が見当たらず、フランス人の観光客ばかりだ。

⑰ 手早く魚を分けて売る

トゥボン川の船着き場で主婦仲間が帰る船を待ちながらお金を賭けるトランプゲームをしていた。船が帰るエンジン音で自分たちの船の音だと解った仲間がトランプをかたづけると、それぞれがタライのような鉄板の器を持って船から手早く種別した魚を売っていた。

⑱ トランプゲームをする主婦たち

ホイアンのトゥボン川の船着き場で主婦仲間が漁に出た船の帰りを待ちながらお金を賭けたトランプゲームをしていた。お互いに熱が入れば臍をだすやらたばこを吸って足の指にドン札を挟んでの勝負は、日本の悪いアチラの賭博をするカタが見たら何と思うだろう。

⑲ ランバオの演奏をする娘さん

古い瓦屋根に這いつくばって伸びたツルの葉が繁り、その先がのれんのように垂れ下がっている店頭で伝統楽器のランバオ演奏している若い娘さんが居た。私が足を止めると、曲を“荒城の月”に変えて笑顔を見せた。たった一本の糸で演奏する難しい楽器を見事にあやつる天才少女かも。

13

フエ

「子どもの家」

Huế

①苗木の販売
②フエの有名レストランで“荒城の月”
③チャンティエン橋の登り坂
④王宮を守る
⑤ミンマン帝陵
⑥グエン朝王宮の瓦屋根
⑦修復された王宮
⑧即席ラーメンを買う
⑨学校と寮
⑩おてもとをプレゼント
⑪生徒の前で紙芝居
⑫「子どもの家」の生徒たち
⑬「子どもの家」のお昼ごはん
⑭かるた大会
⑮刺繍技術を磨く生徒たち
⑯「子どもの家」日本料理店

① 苗木の販売

ホイアン発フエ行きのバスはベッド式２階バスだった。乗り物に酔いやすい私は１階にした。狭いため、毛布をかぶって身体を丸めていると、登り切った急カーブの展望台に着き、そこで休憩になった。左の山裾では山中で採ったばかりの苗木を売っていたので右側で男どもの立ち小便。

② フエの有名レストランで“荒城の月”

フエの有名レストランに入るとランバオ演奏をしていた。３年前にホーチミンのレストランに私たち日本人たった２人が店内に入った時、ランバオ奏者が私の顔を見ると“北国の春”と“涙そうそう”を演奏してくれたことが懐かしい。そして この席もホイアンで“荒城の月”を演奏してくれた心が消えない。

③ チャンティエン橋の登り坂

ベトナム最後の王朝・グエン朝の建物を友人と２人で見物に出ることにした。シクロのお兄さんに日本のデブ２人を２万ドン（約 100 円）で交渉成立。王宮が近くなった時､反り上がったチャンテイエン橋の登りになった。シクロの兄さんが「スモー、スモー！」と私の首筋に強い息をかけながらペダルを踏んだ。

④ 王宮を守る

王朝の存続を願った大砲で神秘的な力が王宮を死守すると言われている。西側５つの大砲は中国の五行思想を東側の４つは四季の象徴だという。日本人の私たちが考える戦争と、一般ベトナム人の戦争の考え方の違いがあれば聞きたかったが、私はベトナム語が喋れない。

⑤ ミンマン帝陵

1841年から3年間かけて建てられた美しいミンマン帝陵。皇帝の功績をたたえる石碑や皇后の立碑があり、また蓮池や釣り殿のほうに皇帝を祀った寺がある。あまりにも広すぎて足が痛くなった。

⑥ グエン朝王宮の瓦屋根

ベトナム最後の王朝・グエン朝王宮の全ての瓦屋根を注意して見ると面白い。軒下に何かを示す漢字と図が描かれ、その上にも漢字と図があり、頂上は中央の水瓶を左右から龍が向き合っている。

⑦ 修復された王宮

ベトナム最後の王朝・グエン朝王宮は1802～1945年まで3代にわたった。戦争で損傷を受けたが、ほぼもとの形に修復されている。フランスのベルサイユ宮殿を模したバロック式や中国式など多様な建築技術が生かされている。ここに世界最高技術が結集されている。

⑧ 即席ラーメンを買う

市場で親の手伝いをしている娘さんに即席ラーメンを探してもらうとお母さんに値段を聞いた。お母さんが商品の陰から私の顔を見て、他の外人客の3倍くらいの1万ドン（約50円）と言った。5000ドンに値切った。その代わりに日本から持ってきた可愛いパンダの消しゴムを上げると娘さんが喜んだ。

⑨ 学校と寮

ベトナム旅行でストリートチルドレンを目にした小山さんの衝撃が治まらなかった。そんなことから身寄りのない子どもたちに一生を掛け、小学校とその寮をボランティアで運営を続けているのだ。

⑩ おてもとをプレゼント

ベトナムの身寄りのない子どもの人権を守り、人並みの教育をする“ベトナムの「子どもの家」”を築くまでの苦労を聞かせて頂いた。私たち２人は心ばかりの寄付をさせて頂き、そして友人のお母さんが作った折り紙人形付の“お手もと”をプレゼントした。優しい心の小山さんに喜んでもらえた。

⑪ 生徒の前で紙芝居

身寄りのない“ベトナム「子どもの家」”の生徒は60名近く居り、その内20名ほどに多目的ホールと思われる場所に集まってもらい、まず私が“金太郎”そして友人が“牛若丸”の紙芝居をして拍手を受けた。私が生徒1人ひとりに話しかけるときれいな日本語で返してくれ、明るくはしゃいだりした。

⑫ 「子どもの家」の生徒たち

人なつっこい“ベトナム「子どもの家」”の17～18歳の高校生になる日本語が上手な女子が居た。完璧と言っても過言ではない生徒も居るという。だったら、日本人の私が未熟のままの日本語だからせめてベトナム語が喋ることが出来れば良いが……。何れにせよ自分の不勉強を反省した。

⑬「子どもの家」のお昼ごはん

“ベトナム「子どもの家」”の昼食時間になった。私たち2人も仲間入りさせてもらっての食事となり、失礼ながらおかずの観察をさせてもらった。さんまに似た細い魚を3分の1に切った煮付と野菜炒め、スープに米ごはんだった。みんなお喋りに花を咲かせ、美味しそうに食べていた。

⑭かるた大会

斉田さんというボランティアの女性に私が日本から持ってきた“いろはかるた”を渡し、「役に立つかどうか解らないけど……」と言ってプレゼントした。すると早速18名位集め、男女を分けずに“3グループかるた大会”をすることになった。始まるとなんと黄色い声がとび交っての取り合いに盛り上がった。

⑮ 刺繍技術を磨く生徒たち

“ベトナム「子どもの家」”を卒業し、大学に進学する生徒も居り、中には有名美術大学に進学する生徒も居るというから小山さんもさぞかし力が入るのでは……。また卒業した女子で刺繍が好きな生徒はこの校内の刺繍訓練生として残るのだと言う。売り上げは後輩の生活費のようだ。

⑯「子どもの家」日本料理店

“ベトナム「子どもの家」”をボランティアで運営する小山さんと女性の斉田さんに案内されたのは“ベトナム「子どもの家」日本料理店”だった。小山さんは、卒業生の中から選んだ男子を個々の店長にしてもらって、その売り上げを後輩の身寄りのない生徒のために働いていることが伺える。

14

17度線非武装地帯へ

ベトナム戦争の爪跡

①日本の援助金で作ったアーチ

②フエの忙しい朝

③少数民族の家

④戦争博物館

⑤ウィンモックトンネル

⑥トンネルで勉強する子ども

⑦トンネルの出口

⑧ヒエンルオン橋

⑨ヒエンルオン橋を渡る人たち

①日本の援助金で作ったアーチ

多くの外人乗客の中に日本人はたった２人だった。途中のホテルで２人の日本人男性が増えて話に盛り上がった。車が次第に増え、クラクションも多く鳴らして飛ばしている時、突然アーチとその横のモニュメントに目についた。しかしあっと言う間もなく過ぎた。日本の援助金で建設した意味だ。

②フエの忙しい朝

フエの朝は忙しい。私は６時に来るバスを気にしながら５時30分に酔い止め薬を飲み、ホテルの玄関前に来た17度線の非武装地帯行のバスに２人で乗った。バスが高速道路の端を飛ばしていると、その歩道にパンを乗せたバイク男が並んで“パンを買え！”と言っているようだった。

③ 少数民族の家

非武装地帯の見学バスは行く。途中でバスが止まると、英語で案内してくれた男性が降りて女性に変わった。しかし英語で案内しているつもりらしいが、ひどい巻き舌で発音するため多分ほとんどの乗客は解らなかったはずだ。窓の外は少数民族の床上げの家が目についたが通り過ぎた。

④ 戦争博物館

バスは険しい山道を走り続け、左は崖下に霞むコーヒー園、右の枯れすすきの白い丘を過ぎると戦争博物館の屋根が見えた。みんながほっとしてバスから降りると、立ち売りの男が北ベトナム兵の階級章や錆びたベトコンバッジを買えと言う。私が見た限りは買うものは居なかった。

⑤ ウィンモックトンネル

ウィンモックトンネルの入り口は敵の爆撃機にも見えそうにないほど気が生い茂ったジャングルの中だった。身長162センチしかない私の場合でも頭を下げ、両手を胸に縮めて歩いていた。私の後ろの大きな身体の金髪美女が恐怖感に襲われ、戻ろうとしたが次々と続いてきた。

⑥ トンネルで勉強する子ども

証明に裸電球が付けてあったが、薄暗くてお化け屋敷のような雰囲気だった。狭くて湿気がひどいトンネルの所々に横穴があり、そこで両親に見守られて勉強する子どもを再現している。

⑦トンネルの出口

前方に小さな光がやたらと眩しさが感じた。一時は戻りたくなかった金髪の女性も私に追い着き、明るい声で独り言を言いながらついてきた。しかし私にはその言葉が解らなかった

⑧ヒエンルオン橋

車の“酔い止め”薬を飲んで乗った私だったのに狭い崖淵の急カーブが多くあって、バスの揺れがひどかったため、頭が割れそうに痛んだ。痛みに耐えているうちに有名なヒエンルオン橋に着き、バスが止まった。するとこの近所の可愛い子どもたちが笑顔で寄って来た。鼻たらしが居ないのが不思議。

⑨ ヒエンルオン橋を渡る人たち

同じベトナム人でありながら17度線にあるベンハイ川を境に北と南の人の心まで引き裂かれたのは戦争当時のことと思われている。一般市民はこの立派なヒエンルオン橋で何かと便利だと言われている。一方では人知れず今も辛くて悲しい深い傷を胸に抱いて涙で渡る人も居ると言う。

15

フエからハノイへ

ホーチミンが眠る街へ

Huế ／ Hà Nội

① 日本料理店で夕食を楽しむ

朝はバスに乗る前に２切れのパンで済ませて、昼食にはガイドの案内でレストランでご馳走が出た。嗅覚に敏感すぎる私はバジルと魚醤の匂いで胃がムカついて２切れのパンとヨーグルトにしたため、夕方ツアーで知り合った日本人の２人組みと一緒に日本料理店で夕食を楽しんだ。

② フエ駅にて

車中で食べるおやつのパン、ヴァイ、キュウリを買って鞄に入れ、フエ駅に行った。駅員に印刷した時刻表はないのかい？　と聞くと、不愛想に「そこの壁に書いた通りだ！」と言う感じでいわれた。

③ フエ駅の待合室

フエ発・ハノイ行き7時15分となっているのに8時近くなっても改札も報告もない。そのため友人が不機嫌になった。私は友人の不安をなくすため、4～5歳位の女の子を連れたお母さんに聞いた。「40分位遅れても普通だヨ！」と言ったので、友人に伝えようとした時、嫉妬したのか不機嫌だった。

④ フエ駅のホーム

1時間遅れの改札だと言うのに誰もが何事もなかったようにホームに出た。線路と同じ高さのホームに店があった。修理中の貨物列車の外側でヘルメットをした偉そうな男が指示をしていた。車輪の下に入って指示を受けて修理する2人の男がヘルメットをしていないのは何とも滑稽だ。

⑤ 霊園と水牛

小高い山の木を切り倒された丘に沖縄で見られるような霊園があった。その手前で水牛が気だるそうに私たちを乗せた列車を眺めていた。私はハノイに向かって走る列車の窓から、これからも何が見られるのか楽しみになった。

⑥ ベトナムの親子

可愛いわが子であればこそ天秤なんて軽いもんだ！　と思っているように見えた。どこの国も母は強しである……。それにしても朝早くから薪を採って来て何か美味しい料理でも作るのだろうか。後ろから来た青いバナナを積んだバイクのお父さんも子どもを乗せて走った。

⑦ 弁当に出てきた肉が固い！

角帽の係員が弁当を届けてくれた。私は早速その弁当の蓋を開けると肉の串焼き3本も入っていた。串にかぶりついたが固くて噛めず、あきらめた。肉が大好きな友人がかぶりつき、竹串を抜こうとしたが固くて抜けなかった。歳をとった水牛肉だと思う。2人の弁当を隣の車両の青年にやった。

⑧ 懐かしい農作業

鉄道弁当の肉も米も固くて昼食が出来なかった。列車に乗る前に買って来た1個のパンを2人で分けて食べ、そして大根ほどの大きさのキュウリも半分に折り、私が日本から持って来た味噌を付けて食べて昔懐かしの味だった。窓の外の農作業も懐かしい。“ミ” で振り落して種を分けていた。

⑨ ブーゲンビリアが咲く

ハノイに向かって走り続ける列車の窓から見えるのはジャングルと農家ばかりだ。時々線路の脇の畳箒ほどある大きなススキの穂が列車の風で踊る。時には野生のブーゲンビリアの花が咲いていて、のどかな風景だ。赤茶色１色の体で目の淵だけが白くて可愛い水牛で耕していた。

⑩ ハノイの街

南のホーチミンをスタートに、北のハノイに来るまで約 10 ヵ所の街に寄って来たが湿気の強さだけは変わらなかった。言葉は札幌在住ホーチミン出身の方に教えてもらったこと、そして覚えも悪かったこともあり、ハノイでは通じなくなった。自分で作った約 1,000 語の辞典のスペルを見せることで意外にも役に立った。

⑪ パジャマのおばさんたち

旧正月が来てビニール袋に入ったカラフルな神棚の飾り物やバスタオルまで天秤で売るパジャマのおばさんが増えた。それにペダルを外した古い自転車にキムチ漬けにする青いマンゴーを乗せて売る人も居れば、満開になった桃の花を売るおばさんがバイクの隙間を歩いていた。

⑫ ホアンキエム湖を眺めていると

高層ビルのレストランに入った友人と２人はコーヒーを飲みながらホアンキエム湖を眺めていた。先程私たちが入った玄関前に駐車違反車があり、警察４人が乗った車が来て、１人がメガホンで呼び掛けた。すると肥った偉そうな男が出てきて文句を言うと警察が腰を丸めて去って行った。

⑬ 怪しい中年

立派なバイクでホアンキエム湖の周囲を廻り、日本人探しをする怪しい中年男が居た。ベトナム銀行まで徒歩で約５分の場所を友人に声を掛けた。「その木の下の女性が銀行よりも手数料が安く両替するよ！」と上手な日本語で言ったが断った。

⑭ ベトナム最古の大学跡

約800年間大学として機能したベトナム最古の大学跡を祀る敷地は広大なものだった。多くの観光客が絶え間なく押し寄せてくる。各地の大学に合格した大学生が花束を持ってやって来た。

⑮ 科挙試験合格者の祭壇

科挙試験（官吏登用試験）の合格者の祭壇がいたるところにあった。それぞれに個性があり、生花が多く飾った祭壇、フルーツを供えた祭壇の違いは何か、今も気になる。

⑯ 天秤を持ってみたら

1070 年に中国の儒学創始者、孔子を祀るために建てられた。1076 年に境内にベトナム初の大学が開かれ、多くの学者や政治指導者などを誕生した歴史があることから学問のシンボルとなっているという。その広場の果物売りおばさんに天秤を借りた。すると「マネー、マネー」と手を出した。

⑰ 女子大生の集団に日本人のおじさんが乱入

ベトナム最古の大学跡の当時の尊敬する神様的人物が祀られている祭壇にお願いごとや合格した喜びを伝えた大学生が集まる。女子大生が集まって写真を撮っている時に日本の変なおじさんが？

⑱ エメラルドの鏡のような湖

バイクのエンジン音もない静かな英雄ホーチミン邸宅には巨大なエメラルドの鏡を見るような美しい湖があった。岸には熟したヴァイ（日本の文旦に似た果物）が生っている。その向かい側には怪獣の子どものような木の根があり、これを“お坊さんの木”と言う人もいた。

⑲ ホーチミンの墓の前にて

ホーチミン氏の墓の前に並び、その先頭を見ると金属検知器に気づいた。その時、ズボンのポケットにカッターナイフがあることに気づいたがもう遅し。やむなくリュックの青年の背中にへばり付いて金属検知器のアーチを潜ると予想通りの音が「ビーッ！」と鳴った。青年がリュックを取られる間私が通過。

⑳ 眠るホーチミン

カメラの持ち込み禁止、声を出すことも禁止などの注意され、キラリと光る銃剣を手にした左右の兵士に挟まれるように通過し、やっと涼しいお墓の建物の中に入ることが出来た。特厚のアクリルの中に収められた英雄ホーチミン氏が照らされるライトの下で今も呼吸をして眠っているようだった。

㉑ 白く塗られた木の根もと

建物を建設する際、その場所に木があった場合、その木を傷つけることなく建てている。特に“カイダー”（神様の木）を信仰の対象になっている木は絶対に傷をつけられないという。また木の根元を人の高さ位白く塗るのは害虫やカビなどの消毒だという。

㉒ バイタクともめる外国人

履物屋さんが３～４軒並ぶ店頭の歩道で靴修理職人さんが２人いた。車道ではバイタクから降りた外人観光客が支払料金のことで、バイタクとトラブルをおこしていた。自転車にヴァイを乗せて押すおばさんも見て見ないふりをしていた。こんなことは何処の町でも見てきた。

㉓ ベンタイン市場

ベンタイン市場の表通りは、バイクが激しく流れていた。市場の中は、誰もが興味をひく珍しい雑貨や職人さんが精魂込めて仕上げられた漆塗りや細工物から現地の人たちが使う日用品まで並べられ、目を見張る品々。一般のお店では見られない物を掘り出すのも楽しくなる。

㉔ ハノイの大劇場

玄関に入ろうとするアオザイ女性もまた芸術的。1911年にパリのオペラ座をイメージして造られたフランス風コロニアル建築の代表的な存在の大劇場がハノイにあった。国内外のアーティストがオペラや演劇からクラシックコンサートなどを行われている中心の劇場。

㉕ 元気なチビッコたち

“サアードイタドイターッ！　チビッコのお通りダーイ！”とは言っていなかったが、迷い子にならないよう繋がることを言われたのでしょう。こうして子どもが元気に育てることは理想だが、どこの子どもでも行けるわけではない。暮らしが良い家庭に限ると言う。

16

ハロン湾

エメラルドグリーンの輝き

Vịnh Hạ Long

①エメラルドグリーンの湖とクルーズ船

②にぎやかな海

③クルーディナー

④水上の素敵な朝

⑤ハロン湾の鍾乳洞

① エメラルドグリーンの湖とクルーズ船

エメラルドグリーンの水面から突き出す島々を「海の桂林」とも呼ばれているという。私たちを乗せたクルーズ船が音もなく静かに進むと次々と景色を変え、感動を与えてくれ、思わずため息をついてしまう。私が隣のクルーズ船に手を振ると２階の来客の１人の女性が手を振り返した。

② にぎやかな海

私たちを乗せたクルーズ船が静かに止まると、先ほどまで一緒に座っていたヨーロッパ人女性の仲間が突然海に飛び込んで賑やかになった。その声を聞きつけた水上雑貨屋が来て声を掛けたが誰も買う人が居なかった。あきらめた雑貨屋の女性は、仲間とトランプ博打を始めた。

③ クルーディナー

幻想的なハロン湾が暗くなると、クルーディナーの席に着いた。ここでも紙芝居をすることにし、男性のガイドさんに絵の裏のベトナム語を英語で語ってもらったが思ったほど受けなかった。先に紙芝居を済ませた私はコックさんに日本から持って来た“ふりかけ”の味を試して楽しんでもらった。

④ 水上の素敵な朝

ホテルでは何時も友人のベットと並んで寝ていたこともあって、夕べのクルーズ船の１人部屋は私にとっては気楽な一夜だった。そして水上の素敵な朝を独り占めした気持ちは贅沢そのものだ。

⑤ハロン湾の鍾乳洞

ハロン湾の島の内のひとつの島に巨大な鍾乳洞がある。そこは、ティエンクンという洞窟で入って見ると、なんとサッカー場のように広かった。少しでも幻想的にしたいと考えたのか、カラーライトで照らすのは残念。

17

ハノイ

旅の終わり

Hà Nội

① ちょっと気になる外国人

昨日のクルーズ船に乗る前から２ダースのビールを担ぐお洒落な男性が居た。その彼はオーストラリア人だが右手にフランス美女を、左肩には重いビールを、バスで別れる時まで担いでいるのが私たち２人は不思議だった。飲べえでない私たちが気にする方も不思議なことかも？

② バスケットボールのように

バイクのエンジン音に混じって鐘の音が聞こえた。振り向くと職員が大型のリヤカーを引いていて主婦たちが買い物袋に入れたゴミを持って集まって来た。若い職員の１人はゴミを受け取ると、手際よくゴミ袋の口を結んでバスケットボールをしているように目的の位置に入れた。

③ カイダーのお供え

ホアンキエム湖のほとりに神様が宿るという「カイダー」という木があり、そこに祀られた神棚にフルーツのお供えと竹ひごの線香からは、煙がたちのぼっていた。

④ 花嫁と花婿の記念写真

友人と２人でホアンキエム湖を歩きで１周することにした。湖のほとりの木陰には多くの若者やお年寄り、そして観光客の前で花嫁と花婿の記念写真撮影があり、１周で３組もあった。私たちが疲れた時、３日前にも日本語で声を掛けた怪しいバイク男が又声を掛けた。

⑤ 白く塗るのはなぜ？

私の単語並べの会話に無理があり、絵を描いたスケッチブックを持って行き、ホアンキエム湖の管理人に見せた。木に白く塗る目的は“交通事故防止”それとも“害虫から守る”のどちらが正しいか？　と聞くと“害虫や悪いカビから守るため、消毒石灰を塗っている”という。

⑥ チュオンズオン橋

私たち２人は身寄りのない子どもたちが収容しているというボーデー寺にタクシーで向かった。走っているとホン川に架かる山脈のような形の長いチュオンズオン橋を走った。この隣のロンビエン橋も北爆を受けた。民兵の団結と作戦によって、このチュオンズオン橋を守り抜いたのだと言う。

⑦ タニシ汁の麺

ボーデー寺に行き１番偉そうな尼さんに会った。私たちが子どもたちに紙芝居を見せてやりたいことを言った。尼さんは「明日10時からなら良い！」と言われたので重たい紙芝居をひとまず預かってもらった。寺から出ると、私はパンにし、友人は屋台の“ブンオック”（タニシ汁の麺）にした。

⑧ 野菜と果物を売るおばさん

ボーデー寺の都合で紙芝居は明日になった。ホテルに帰る途中、チュオンズオン橋下公園に行った。天秤おばさんが野菜や果物を売っていた。そこへ買い物に来た娘さんがゴルフボール位のヴースアという果物を買う前に１個口に入れ、「カリッカリッ！」と食べた。私にもくれたが噛めない。

⑨ メタボ増加中

3年前の“ホーチミンの1週間ツアー”で行った時はスタイルが良い人ばかりだったはずだったが、この度は肥った人が多く目につくのは気のせいではないと思う。店頭の隠居さんだと思われる年配の男性が尺八のような水パイプでたばこを吸っている人もメタボだった。

⑩ 靴磨きともめる外国人

外人が靴磨きの兄さんに磨いてもらった料金を払わなかったのか、それとも断りなく勝手に磨いたのだから払うことはないというのか、良く解らないが、外人の大男を小さなベトナム人2人が捕まえようとしているのを見ると危ない行為だ。まるで虎に向かって追いはらうハイエナのように見えた。

⑪ 旧市街のお店

ホアンキエム湖から歩いて北側に行くと、狭い道路の旧市街地がある。美しいフランス建築のレストランやおみやげ屋など、さまざまな店が建ち並び、そこに工房のような建物があった。そこでは、竹細工の職人が居り、その隣では大理石の墓を彫る職人が腕を見せてくれた。

⑫ 夜の歩行者天国

夜の歩行者天国は昼よりもっと屋台が賑やかだった。友人や仕事仲間がビールを飲んだり、食べたりで盛り上がっていた。屋台の主人が歩く客に食べさせたくさせるためなのか、羽毛をむしって裸にした鶏の首を目立つ場所に置いてあった。悪いが私は食欲が無くなった。

⑬ ホアンキエム湖でまた怪しい男

紙芝居でベトナムの子どもと最後に遊んだのはやっかいだったボーデー寺だった。私たち２人が馴染んだホアンキエム湖に行った。すると「こんにちは！　何か困ったこと無いですか？」という声が車道から聞こえた。振り向くと、あの怪しい男だった。私は「無い！」と怒鳴ってやった。

⑭ 紙芝居を返してもらいに

お寺に居る身寄りのない子どもたちに見せてやろうと昨日預けてあった紙芝居を偉そうな尼さんに出してもらうよう頼んだ。すると「今は忙しい！」と言ったり「若い者が遠くへ持って行ってしまった」とあいまいなことを言った。２時間以上待たされた後には「預かっていない！」と言われた。

⑮ 紙芝居を返せ！

尼さんが私の手作り紙芝居を返すつもりがないことが解ったので、鎌を掛けるしかないと考えた。私の手作りのベトナム語辞典を開いて“警察に届けたいのですが”のスペルを指差して「イエスかノーか」と怒鳴った。すると顔色を変えて若い尼さんに命令し、すぐに返してくれた。

⑯ 取り戻した紙芝居

お寺にひと晩預かった紙芝居を取り戻すのに朝10時から12時半まで掛かった。私たちは気を取り戻し、紙芝居を子どもたちに見せたり紙トンボを飛ばして遊んでやった。

⑰ 香港の建築デザイナーと

身寄りの無い子どもたちに遊んでやり、楽しんでもらい「ダンビエッ！」（さようなら！）と手を振って別れた。その後、側でカメラのシャッターを切っていた香港の建築デザイナーの女性と知り合い、一緒に行動した。

⑱ 招待してもらったキャバレー

私たちより先に札幌に帰った札幌在住ベトナム婦人がハノイに居る友人である船会社の副社長に私たちを電話で紹介して頂いた。その副社長に私たちを電話で紹介して頂いた。その副社長にキャバレーに招待されてチエン・ド・ホム（柔らかく蒸した豚肉）をご馳走になった。地味なホステスだと思いきや、お臍がチラリッ？だった。

⑲ ガソリンスタンドで花を売る

ガソリンスタンドには子どもが欲しがるお菓子、そして雨の時のビニールガッパを袋に入れて売っている。しかし傘はどこの店にも売ってないのは不思議だ。また、給油客のバイクや車の客の邪魔になる歩道で中年女性が２人で生花とファイを売っているのも不思議でならない。

⑳ ホアンキエム湖でロケ

エメラルドグリーンのホアンキエム湖の島にある寺に架けられた赤い橋は観光客のシンボルになっている。その赤い橋をバックに歌手と思われるアオザイ美女のロケがあった。放送局のスタッフがレールクレーンを設置し、そのクレーンに乗ったカメラマンがソニーのカメラで狙い、撮影していた。

㉑ 帰ろうとしないカップル

旧正月のためホアンキエム湖にも電飾が華やかになった。陽が沈むとさらに湖面が彩られ、多くの若いカップルが冷えた大理石のベンチを温めていて夜遅くなっても帰ろうとしない。それもそのはず、どんなに親しい間柄であっても他人の家に泊まることは法律上許されていないのだ。

㉒ 小鳥も排気ガスで声を悪くする

ベトナム生活最後の日、私たち２人がホテルの屋上で朝食をした。籠の中の小鳥の声と友人の声が排気ガスにやられていると思っていた。私はパクチと魚醤の匂いで胃の調子が悪くて、パンとフルーツばかりの食事だった。体力が弱った私は日本料理店を探すことが大変だった。泣いても笑っても最後だ。

㉓ 少女２人

ホアンキエム湖のベンチで腰を下ろしていると横で14歳の少女２人が何やらお喋りをしながら何かを食べていた。私が「ドーラ・カイジ？」（それは何です？）と聞くと、木の葉のようなものを２枚くれた。青いマンゴーをスライスしてキムチ漬けのように料理したもので、美味しい味だった。

㉔ 屋台天国

歩行者天国と言うよりは屋台天国という感じで、歩行者は普通以上混んでいる歩道を歩くのだ。賑わう歩行天屋台の中へバイクに積んだアンプを、日本の選挙カー並みのボリュームで、サブチャンに似た調子だった。ホーチミンの流しは、アメを売っていたが、このハノイでは、投げ銭の方法だった。

小坂國男（こさか・くにお）

1941 年（昭和 16 年）、北海道帯広市に生まれる。
印刷会社、広告会社などの勤務を経て、札幌市内にデザイン事務所を開く。
著書　開拓絵物語『十勝どろんこ少年記』（昭和 58 年、北海道新聞社）、『マンガほっかいどう弁』（昭和 63 年、北海道新聞社、漫画家 3 人と共同制作）、『希望――骨髄移植絵物語』（平成 6 年、花伝社）

ベトナムぶらり旅――イラストで描く庶民の生活

2014 年 5 月 20 日　初版第 1 刷発行

著者 ――――― 小坂國男
発行者 ―――― 平田　勝
発行 ――――― 花伝社
発売 ――――― 共栄書房
〒 101-0065　東京都千代田区西神田 2-5-11 出版輸送ビル 2F
電話　03-3263-3813
FAX　03-3239-8272
E-mail　kadensha@muf.biglobe.ne.jp
URL　http://kadensha.net
振替　00140-6-59661
装幀 ――――― 黒瀬章夫（ナカグログラフ）
印刷・製本 ―― 中央精版印刷株式会社

ISBN 978-4-7634-0702-3 C0026